BALLET ROYAL

D'*Alcidiane*.

DIVISE' EN TROIS PARTIES.

Dansé par sa Majesté le 14. de Feburier
1658.

A PARIS,

Par ROBERT BALLARD, seul Imprimeur du Roy pour
la Musique, ruë S. Iean de Beauuais,
au Mont Parnasse.

M. DC. LVIII.

BALLET
ROYAL
D'Alcidiane.

Diuisé en trois Parties.

Dont la premiere contient les delices de l'Isle Heureuse ou inaccessible, où cette belle Reyne tenoit sa Cour.

La seconde, les principales aduantures de Polexandre auant
que d'y paruenir.

Et la troisiesme, son Triomphe & sa gloire en la possession
d'Alcidiane.

AVANT-PROPOS.

LE sujet de ce Ballet est tiré du Roman de Po-
lexandre : Et bien que beaucoup de personnes ayent eu la curiosité de le lire ; on se croit
pourtant obligé d'apprendre à ceux qui ne s'en sont
pas donné la peine, Que l'Isle inaccessible par l'art des

Pilotes, ne le fut pas à plufieurs que la Fortune y fit
aborder, & que Polexandre ayant efté de ce nombre;
& en eftant forty pour deliurer vne des Dames de la
Reyne, eut de grandes trauerfes auant que d'y retourner; & qu'enfin par les aduis de Pallante, Chef des Illu-
ftres Efclaues d'Alcidiane; Il y fut vne feconde fois, &
fe rendit enfin poffeffeur de cette Reyne, & de l'Ifle inacceffible, que fes merueilles ont fait nommer Bien-
heureufe. Il y euft eu vne trop grande quantité d'En-
trées pour la jufte longueur d'vn Ballet, fi l'on y eut ad-
joufté beaucoup de chofes qui fe pafferent dans l'Ifle à
fon arriuée; & il fuffit que celles qui fuiuent foient les
plus effentielles, les plus diuertiffantes, & celles qui
conuiennent le mieux au Suiet.

PREMIERE PARTIE.

*La Scene eft vn Païfage fertile & delicieux, orné de Jardins,
de Fontaines, & de quelques Palais
en efloignement.*

Velques-vns des plus Gallands de la Cour d'Alcidiane fe trouuans dans vn lieu des plus agreables de
l'Ifle, auec des Dames & vne partie de fa Mufique,
chantent des Vers à la loüange de l'Amour; & comme elle a des Muficiens de toutes les Nations, ce Concert fe
fait en Italien & en François auec emulation, pour feruir apres
au diuertiffement de la belle Alcidiane.

CONCERT

CONCERT ITALIEN ET FRANÇOIS.

Recit chanté par Mademoiselle de la Barre.

Serio per il principio.

AMor modera il Cielo, e la Natura,
E sempre vbbidienti
Prendono gl' elementi
Dal suo solo voler' norma, e misura.
In Ciel più belle
Splendon d'Amor le stelle,
Ei con sauer profondo
Signoreggia le sfere, anima il mondo.

Amiam dunque infin ch' e lecito
Ne cerchiamo altre venture,
Le sciagure
Han pur' troppo il piè solecito.
Quando vn core
In Amore
Può godere alta beltà,
S'altro cerca è vanità.

Volan gl' anni, i giorni volano,
Del etade il più bel fiore
Breui l'hore
Troppo ohimè ratto ne inuolano.
Ma se vn alma
Hà la palma
Di gradita alta beltà
S'altro cerca è vanità.

TRADVCTION DES VERS ITALIENS.

AMour commande au Ciel aussi bien qu'en la Terre,
Plus puissant que le Dieu qui lance le Tonnerre,
Il impose ses Loix à tous les Elemens,
Il produit tous nos biens, il cause nos desastres,
Et des yeux brillans sont les Astres
Que consultent les cœurs des fidelles Amans.

B

Aymons donc, puiſqu'il eſt permis,
Et que nos cœurs ſouſmis
A ce charmant vainqueur qui regne ſur nos Ames,
Soient toujours preſts à receuoir ſes flames :
Qui peut toucher d'amour vne jeune beauté,
Trouue que tout le reſte eſt pure vanité.

Le Temps coule inſenſiblement,
Tout paſſe en vn moment,
Et par tant d'accidens qui trauerſent la vie
Le bien preſent à l'amour nous conuie :
Cette douce priſon vaut bien la liberté,
Et tout autre plaiſir n'eſt qu'vne vanité.

RECIT
Chanté par Mademoiſelle Hilaire.

QVe voſtre Empire, Amour, eſt vn cruel Empire,
Tout le monde s'y plaint, tout le monde y ſoupire,
Et forme vn doux concert des honneurs qu'il vous rend ;
Tout l'Vniuers gemit ſous de pareilles chaiſnes,
C'eſt la meſme langueur, ce ſont les meſmes peines,
Mais le murmure eſt different.

Suiuons de ſi douces loix,
Puiſque les Dieux & les Rois
Sont obligez à les ſuiure ;
Il eſt malaiſé de viure
Sans deuenir Amoureux ;
Mais il faut eſtre aymé pour eſtre bien-heureux.

Ce Dieu rend nos jeunes ans,
Aymables, doux, & plaiſans,
Et de tout ſoin nous deliure ;
Il eſt malaiſé de viure
Sans deuenir Amoureux ;
Mais il faut eſtre aymé pour eſtre bien-heureux.

PREMIERE ENTRE'E.

L'Ifle Bien-heureufe eftant dediée à la Paix, au repos, à l'Amour, & aux innocens plaifirs de la vie ; & ne pouuant fouffrir aucune de ces paffions qui en troublent la tranquilité ; La Haine, la Colere, l'Enuie, la Ialoufie, le Defefpoir, & la Crainte font chaffées par l'Innocence hors de cet aymable fejour.

LES PASSIONS.

La Haine.   **LE ROY.**

La Colere, Le Comte de S. Aignan.
L'Enuie,   M. Cabou.
La Jaloufie, M. Mollier.
Le Defefpoir, Le Sieur Beauchamp.
La Crainte, Le Sieur de Lorges.

Pour fa Majefté reprefentant *la Haine.*

Quel efclat brille en ce jour?
Mais n'en foyons plus en peine,
Ce n'eft rien moins que l'Amour:
Au contraire c'eft la Haine.

Encore que fon habit
Cache vn cœur comme le noftre,
La Haine auroit grand dépit
Que l'on la prit pour vne autre.

Sur vn fi dangereux point,
Gardez-vous bien de méprife:
Non, la Haine n'ayme point,
Et que cela vous fuffife.

Elle veut tuër le Temps
Quand elle n'a rien à faire,
Vne Haine de vingt-ans
Eft vne terrible affaire.

Amour, quel eft ton appuy,
Où tes retraites font-elles?
La Haine occupe aujourd'huy
Le cœur de toutes les Belles.

Le Comte de S. Aignan representant *la Colere*.

LA Colere sert l'Amitié,
En elle on s'est toujours fié,
De chaleur elle est toute pleine :
A le prendre d'vn ton plus haut
La Colere sçait comme il faut
Seruir vtilement la Haine.

Belles, si vous manquez d'esclat,
Ie rends le teint plus incarnat,
Et je le dispose à mieux plaire :
Ne jurez pas, mais prenez feu,
Et que vostre Ame tant soit peu
Se laisse aller à la Colere.

II. ENTRÉE.

L'Innocence.

Le Marquis de Genlis, representant *L'Innocence*.

L'Innocence du Siecle d'or
En moy pouroit fleurir encor,
I'en ay la grace naturelle :
La difference que j'y voy,
Elle estoit plus belle que moy,
Ie ne suis pas si sotte qu'elle.

III. ENTRÉE.

L'Abondance de tout ce qui peut contribuër au bon-heur de la vie en l'Isle heureuse fait que la Mer y produit des Perles dont la beauté n'a point de comparaison, non plus que celle d'Alcidiane : Quelques Pescheurs qui s'en enrichissent par leur commerce auec les Estrangers que la Fortune fait aborder en cette Isle, tesmoignent en dançant combien ils estiment leur felicité.

Pescheurs de Perles. le Comte de Sery, le Marquis de Villeroy, M. de Rassent, les Sieurs Des-airs l'aisné, & le cadet.

Le Comte

Le Comte de Sery, repreſentant *vn Peſcheur.*

*V*OUS faut-il *vn Peſcheur, n'en choiſiſſez
    point d'autre ;*
Mais le ſeul embarras qui trouble mon deſſein,
C'eſt que l'Onde n'a point de Perles dans ſon ſein
    Qui ſoient blanches comme le voſtre.

Le Marquis de Villeroy, repreſentant
vn Peſcheur de Perles.

*L*À Mer auec le temps poura bien me fournir
    Dequoy parer le ſein d'vne jeune Maiſtreſſe,
Ie ne voy rien de fait ; mais auſſi rien ne preſſe:
La Perle eſt à peſcher, &) la Gorge à venir.

IV. ENTRE'E.

*C*Omme les Sujets d'Alcidiane n'ont point de plus grand
attachement que celuy de la diuertir & de luy plaire ; Vn
d'eux auec ſa femme, & leur ſuite ridiculement veſtus, comme
on s'habilloit anciennement en quelques parties de l'Europe,
preparent vne Entrée fort croteſque pour la danſer deuant elle.

Doliuet, *Courtiſan*, repreſentant *vn Balladin ridicule.*
Monſieur Heſſelin, *ſa femme.*

SVITE.

Hommes.	*Femmes.*
M. Baptiſte,	M. Bontemps ;
Don,	M. Cabou,
Lambert,	Beauchamp,
De Lorge,	Reynal,

Pour les Baladins ridicules qui dançent
auec leur femmes.

C'Eſt *vn bon remede au mal*
    Dont on à la teſte pleine,
De mener ſa femme au Bal
De peur qu'vn autre la meine.

C

Monfieur Heffelin, repreſentant *vne Femme.*

NOſtre Iſle eſt bien-heureuſe, & tous tant que nous ſommes
Y gouſtons vn repos qui n'eſt troublé de rien :
Comme il eſt dangereux de s'attacher aux hommes,
Ie me tiens à mon Sexe, & ie m'en trouue bien.

Il faut de la beauté comme de la ieuneſſe,
Les Femmes ne ſont rien ſans ce treſor exquis ;
Auſſi ces deux talens m'accompagnent ſans ceſſe,
S'ils ne ſont naturels, au moins ils ſont acquis.

V. ENTRE'E.

SIx des plus Galands de la Cour d'Alcidiane ſe diuertiſſent
enſemble ; & quoy qu'ils ſoient riuaux , ils ne laiſſent
pourtant pas d'eſtre amis, pource que la Ialouſie ayant eſté
bannie de l'Iſle heureuſe auec les autres Paſſions, ils ne ſçauroient ſe broüiller enſemble pour ce ſujet.

Galands. Les Marquis de Saucourt, de Richelieu, d'Alluye, & de Gontery,
M. de la Chaiſnaye , & le Sieur le Vacher.

ENtre Riuaux, ce me ſemble,
Tout commerce eſt interdit ;
Quand ils ſont ſi bien enſemble,
Amour, je le tiens pour dit.

Le Marquis de Saucourt, *repreſentant vn Amy riual.*

BEauté, pour qui d'abord mon cœur ſe déclara,
Encore que je ſois d'humeur aſſez jalouſe,
Si c'eſt peu d'vn Amant, & qu'il en faille douze,
Soyons à vous aymer autant qu'il vous plaira :
Ie n'affecteray point toutes ces mignardiſes,
Les autres languiront, vous diront cent ſottiſes,
Feront les doucereux ; mais quand il s'agira
De vous rendre ſeruice en quelque bonne affaire
I'en feray plus moy ſeul qu'eux tous n'en ſçauroient faire.

Le Marquis de Richelieu, *repreſentant vn Amy riual.*

LA plus dure contrainte & le pire des maux
C'eſt de s'accommoder auecque ſes Riuaux :
Ie ne ſçay pas ſur quoy noſtre Ingrate ſe fonde,
I'en ſens diminuër la langueur où je vy,
Et l'Amour en cela ſemblable aux Gens du monde
Pour auoir plus de train n'en eſt pas mieux ſeruy.

Le Marquis d'Alluye, *repreſentant vn Amy riual.*

ESt-ce vn tourment de Damné
Que des Riuaux ſur ſa route ?
Je ne ſçay pas ſi j'en ay,
Mais j'en merite ſans doute :
Pour comprendre ce tracas
Il faut que je m'examine
Sur ce ſujet, en tout cas
Si j'ay de cette vermine,
Je ſuis ſeruiteur à tous,
Jls n'ont rien qui me déplaiſe,
Mais je l'auouë entre nous
I'en parle bien à mon aiſe.

VI. ENTRÉE.

HViᶜt des meilleurs Danſeurs de la Cour d'Alcidiane, font voir par vne danſe ſerieuſe leur diſpoſition & leur addreſſe.

Balladins ſerieux. Le Marquis de Roſny, le Marquis de Seguier, Meſſieurs les Cheualiers de la Marthe & de Fourbin, Meſſieurs Boyer & Coquet, les Sieurs de la Marre & de Gan.

Le Marquis de Seguier, *repreſentant vn Balladin ſerieux.*

C'Eſt pour vous plaire ſeulement
Que l'on me void icy dancer ſi proprement,
Et le but de ma dance eſt qu'elle vous agrée ;
Tous ces nobles élans à l'Amour eſtoient dûs,
Mais ſi de voſtre cœur il m'interdit l'entrée
Voila bien de beaux pas perdus.

VII. ENTRE'E.

LA Paix qui regne toujours en l'Ifle inacceffible, y faifant paroiftre ridicules les guerres de l'Europe; Quelques
habitans de cet heureux fejour preparent vn Combat de plaifir pour le diuertiffemenr de leur Reyne, qui imite parfaite-
ment les regles d'vn veritable Combat.

Capitaine de l'vn des partys, M. Baptifte Lully.

Soldats. Meffieurs Bontemps, Ioyeux, Barbau, & S. Maury,
les Sieurs Bruneau, Langlois, Beauchamp, Des-airs
l'aifné, & le Cadet, Lambert, & Don.

Capitaine de l'autre Party, le Sieur du Mouftier.

Soldats. Meffieurs de la Barre l'aifné, & le Cadet, M. S. Fré,
les Sieurs Geoffroy, Vagnac, Lerambert, S. André,
Feurier, le Grais, le Conte, Clinchant,
& le Noble.

M. Baptifte Lully, *reprefentant vn Capitaine*.

AV lieu de m'emporter j'auray meilleure grace
　　D'eftre modefte fur ce point,
Sans me vanter icy que le Siecle n'a point
　　De Capitaine qui me paffe :
Mais rendons-nous juftice, & voyons apres tout
Qui peut mieux meriter des loüanges parfaites,
　　Les chofes dont je viens à bout,
　　Cefar mefme les eut-il faites ?

FIN DE LA PREMIERE PARTIE.

SECONDE PARTIE.

La Scene represente vne Mer où plusieurs Vaisseaux font à la Rade.

CETTE partie du Ballet contenant quelques aduantures de Polexandre, & n'estant remplie que de choses Guerrieres & Heroïques : Mars, Bellonne & les Furies en font le Recit.

Mars. M. Vincent.
Bellonne. Mademoiselle Raymond.
Les Furies. Meff. L'Alleman, le Gros & Beaumont.

RECIT DE BELLONNE.

BIen que je fois fiere & cruelle,
Ie voy que mes Amans ne fe peuuent tenir
De fe précipiter, afin de paruenir
    A l'honneur où je les apelle.
La chaleur que j'infpire eft glorieufe & belle,
Et qui meurt de mes coups ne fçauroit mieux finir.

FVRIES.

Remplissons l'Vniuers d'horreur, & de carnage,
    Si nous ne preffons noftre Ouurage
    La Paix viendra mal à propos
Troubler cette fureur qui nous fert de repos.

BELLONNE.

Quoy, cette Paix malgré mes Armes
A ma diuinité voudroit ofter l'encens ?
Et viendroit arrefter tant de cris gemiffans,
    De foupirs, de fang, & de larmes,
Ha ! ne permettons point que de fi foibles charmes
Effacent des attraits fi forts, & fi puiffans.

FVRIES.
Remplissons l'Vniuers, &c.

D

EOle vient déchaiſner les vents pour trauerſer la nauiga-
tion de Polexandre , & le Ciel permet cet obſtacle à ſa
gloire , afin qu'elle en ſoit plus eſclatante quand il l'aura ſur-
monté.

Eole. **LE ROY.**
Vents. Les Sieurs Beauchamp , le Vacher , Reynal , & de Lorges.

Sa Majeſté repreſentant *Eole.*

ROy d'vn Peuple leger , inconſtant , & volage ,
Et l'Arbitre abſolu du calme , & de l'orage ,
Vn legitime Orgueil a ſujet de m'enfler :
Des Vents ſeditieux j'apaiſe l'inſolence ,
Et par tout où ma voix impoſe le ſilence ,
Quelque mutin qu'on ſoit , rien n'oſeroit ſoufler.

La Fortune eſt par moy pouſſée à toutes voiles ,
Tantoſt juſqu'aux Enfers , tantoſt juſqu'aux Eſtoilles ,
Ie renuerſe les Murs comme les Bataillons :
Ie ne voy point de force au deſſus de la mienne ,
Et quand je m'abandonne , il n'eſt rien qui ſoûtienne
L'impetuoſité de mes fiers tourbillons.

Ie les tiens enchaiſnez , mais pour ces Vents de flame
Qui malgré qu'on en ait ſortent du fond de l'ame ,
Ie ne ſçay comme quoy les mettre à la raiſon ;
Et c'eſt , ou je me trompe , vne moindre entrepriſe ,
D'enfermer l'Aquilon & tous les vents de Biſe ,
Que de penſer tenir vn ſoupir en priſon.

II. Entrée.

VN Pilote & fix Mariniers jettez par la Tempefte au mefme riuage où elle a fait aborder Polexandre, tefmoignent par leurs actions la fatisfaction qu'ils ont de fe voir fau-
uez apres le débris de leur Vaiffeau.

Pilote, M. Ioyeux. *Mariniers*, les Sieurs S. Fré,
Lambert, Mongé, le Conte, la Marre, Feurier.

Pour le Pilote & les Mariniers.

LA Terre ne vaut rien fi la Mer n'eft pas bonne
L'vne & l'autre eft perfide en fon plus doux acueil,
Et par tout où fe trouue vne belle Perfonne
Il faut croire que là fe rencontre vn écueil.

III. Entrée.

ZElmatide, Prince du Perou, apres vn extrefme danger
vient aborder en ce mefme riuage auec quelques-vns
des fiens, & faifant voir fur fes habits vne partie des prodi-
gieufes richeffes de fes Prouinces, fe réjoüit des nouuelles qu'il
a apprifes en arriuant à terre.

Zelmatide. Le Duc de Guife.   *Cheualiers de fa fuite.*, les Cheualiers
de la Marthe, & de Fourbin, Meff. Coquet & Boyer.

Le Duc de Guife, reprefentant *Zelmatide.*

A Tous les Conquerans ma vaillance m'égalle,
Et le Perou tarit dans ma main liberalle,
Qui verfe autour de moy tout fon or éclatant:
I'ay promené l'Amour de contrée en contrée,
Et fi ce n'eftoit pas que je fuffe inconftant,
Ie cherchois Izatide, & je l'ay rencontrée.

Ses charmes tout-puiffans du fond de l'Amerique,
M'ont jetté dans l'Europe où ma force heroïque,
Selon la Renommée, a fait affez de bruit,
Et fa jeune Beauté qui n'a point de feconde
D'vn feul de fes regards a plainement détruit
Le panchant que mon cœur eut pour le nouueau Monde.

Pour les Cheualiers de la Marthe, & de Fourbin,
repreſentant des *Ameriquains*.

IMitans ce grand courage
A qui nous faiſons la Cour,
Tout noſtre fait ſe partage
Entre la Gloire & l'Amour.

IV. ENTRE'E.

SIx Geans, & autant de Nains de la ſuite de Zelmatide,
font voir vne notable difference de leurs tailles, & le ca-
price de la fortune qui les a aſſemblez.

Geans. Meſſ. la Barre freres, les Sieurs Vagnac, Toury,
Picot, & Baltazard.

Nains. Bonard, Broüard, Tomin, Rouſſeau, Ioubert, & Balon.

Pour les *Geans*, & les *Nains*.

CE n'eſt point à deſſein de donner des batailles,
Que ces Monſtres diuers ſont arriuez icy,
Ces Nains & ces Geans ne ſont en ce lieu cy,
Que pour faire valoir les Gens d'entre deux tailles.

V. ENTRE'E.

QVatre des principaux Corſaires de Bajazet vaincus ſur
Mer par Polexandre, & faits priſonniers, ſe réjoüiſſent
de la liberté qu'il vient de leur rendre.

Corſaires. Les Marquis de Saucourt, & de Richelieu,
les Sieurs le Vacher, & du Pron.

Le Marquis de Saucourt, repreſentant *vn Corſaire*.

DEpuis que je croiſe Neptune
Mes faits me ſont d'vn grand raport,
Et la victoire, & la Fortune,
N'ont point abandonné mon Bord:
Ie fais valoir la Marchandiſe
Lors que j'en deſtourne l'employ,
Et me trouuant bien de ma Priſe
Ma Priſe en meſme temps ſe trouue bien de moy.

Pour

Pour le Marquis de Richelieu, reprefentant
vn *Corfaire.*

CE *Corfaire n'a pas vne valeur commune,*
Et de quelque façon qu'il fe foit embarqué
Son cœur a noblement fouftenu fa fortune,
Et quand l'vne a failly, l'autre n'a point manqué.

VI. ENTRE'E.

HVict Demons enuoyez par la Magicienne Zelopa, contre
ceux qu'elle croit luy deuoir rauir l'affection de Zabaïm;
confultent entre eux quelles perfecutions ils feront fouffrir à
Polexandre, qu'elle foupçonne d'eftre l'autheur de fon dé-
plaifir.

Demons. LE ROY.   Le Marquis de Genlis.
Meff. Verpré, Molier, & Baptifte : Les Sieurs Beauchamp,
de Lorges, & Reynal.

Pour fa Majefté, reprefentant vn *Demon.*

QVe je fuis dans vn doute eftrange,
Et que pour en fortir mes foins font fuperflus :
Car je ne me cognois non plus,
En Demon que ie fais en Ange :
I'y refuerois fans fruit d'icy iufqu'à demain,
Ie voy bien fur fon frout, dans fes yeux dans fon gefte,
Dans fa taille, & dans tout le refte
Quelque chofe de plus qu'humain.

Mille fentimens doux & tendres
Que l'Amour a baillez, en garde à la pudeur,
Cachent mal icy leur ardeur,
Et le feu brille fous les cendres,
Mille ingrates Beautez plus dures que le fer,
Font dire à leurs regards plains d'vne honte extrefme,
Si tous les Demons font de mefme,
Helas! qu'il fait doux en Enfer.

E

Quoy donc, vous n'estes plus si fieres,
Et vous auez besoin vous mesme de secours,
Vous dont le mépris tous les iours
Nous insulte en tant de manieres?
Vous en tenez enfin, vostre cœur est charmé,
Et se trouue puny d'estre peu sociable,
Aprenez que c'est là le Diable
D'aymer sans espoir d'estre aymé.

Le Marquis de Genlis, representant vn *Demon.*

N'*A-t'on pas mille fois dit, écrit, imprimé,*
Que je ne suis pas beau, qui n'en est informé?
Le monde est rebattu de ces vieilles nouuelles;
On me le reprochoit dez mes plus jeunes ans,
Tant de Belles l'ont dit, & l'ont dit si long-temps
Qu'elles mesmes ne sont plus Belles.

VII. ENTRE'E.

A L'arriuée de Pallante chef des illustres Esclaues d'Alcidiane, & enuoyé à Polexandre auec quatre de ces Compagnons ; les enchantemens sont dissipez & les demons mis en fuite, le Genie de cette belle Reyne estant plus fort que toute leur puissance.

Pallante, Le Comte de S. Aignan.
Esclaues, M. Coquet, le Sieur Langlois, & les Sieurs Des-airs freres.

Le Comte de S. Aignan, *representant Pallante*
chef des Illustres Esclaues d'Alcidiane.

M*Ille Gens amoureux & Braues*
Endurent où j'endure, & seruent où je sers;
Et je suis seulement le Chef de ces Esclaues
A cause que j'ay plus de fers.

FIN DE LA SECONDE PARTIE.

TROISIESME PARTIE.

*La Scene represente vne superbe Ville, & quelques
Payfages qui l'enuironnent.*

'Eſt icy que Polexandre ſe trouue veritablement dans le Port en toutes façons ; & que la Fortune accompagnée de l'Honneur & de la Gloire qui ont ſuiuy ce Heros ; fait le Recit de cette troiſieſme Partie.

RECIT DE LA FORTVNE,
Chanté par Mademoiſelle Hilaire.

*Ve d'Eſclaues ſoûmis à mes Loix adorables,
    Les Bien-heureux, les Miſerables,
De ma legere humeur ſont le biz̃arre effet :
        Et tout l'Vniuers ne réz̃onne
        Que des reproches qu'on me fait,
        Et des loüanges qu'on me donne.*

*Mon inconſtance a droit ſur tout ce qui reſpire,
        Rien n'eſt durable en mon Empire,
Et là ce qui s'éleue eſt bien-toſt abatu :
        Toute choſe y change de face ;
        Mais le Merite & la Vertu,
        Y ſont toujours en meſme place.*

PREMIERE ENTRE'E.

Olexandre paroiſt triomphant, & ſuiuy des principaux des ſiens arriue en l'Iſle inacceſſible.

Polexandre, le Sieur Beauchamp. *Suiuans*, Les Cheualiers de la Marthe, & de Fourbin, Meſſ. Boyer & Coquet.

Pour Polexandre & ſa ſuite.

Olexandre paruient au but de ſon deſir
    *Par plus d'vne bataille & plus d'vne victoire,
    Ainſi l'ordonne Amour qu'on arriue au plaiſir
    Par le meſme chemin qui conduit à la gloire.*

II. Entrée.

TRois Bergers, & autant de Bergeres de cette heureuse Contrée, que la douceur de la Solitude & l'amour ont reduits à cette vie Champeftre, font auec plufieurs autres vn Concert Ruftique, auquel vn Chœur de Fluftes & de plufieurs autres inftrumens refpondent ; & tefmoignent auec combien de plaifir ils ont appris l'arriuée de Polexandre : Pendant qu'ils fe réjoüiffent, fept Faulnes defcendent des rochers & montaignes voifines, & viennent fe mefler parmy eux ; & quoy qu'ils tefmoignent leur admiration pour les Bergeres, les Bergers qui ne peuuent receuoir de Ialoufie dans le lieu d'où elle a efté bannie entierement auec les autres Paffions, ne font qu'en rire, & joüer auec eux ; & enfin ils danfent tous enfemble.

Bergers, les Comtes de S. Aignan, & de Guiche, M. Ioyeux.
Bergeres, le Marquis de Villeroy, M. de Raffent, & le Sieur Langlois.

Faunes, Monfieur Bontemps, Meffieurs Barbau, de Verpré, Baptifte, & Bruneau, les Sieurs Des-airs le jeune, & le Noble.

Concertans des Bergers, Alais, Hobterre pere, & les deux Hobterre freres, Des-coufteaux, Brunet, Boutet, Herbinet, Nicolas, Iaques des Touches, Michel des Touches, & Pieche.

Le Comte de S. Aignan, *Berger.*

GLoire de la Bergerie,
Au cœur fier, à l'efprit doux,
Faunes, Satyres, & Loups,
Ont éprouué ma furie,
Il m'en coufte prez, & bois,
Au feruice de Diane,
Et j'en ay plus d'vne fois
Incommodé ma Cabane :
Ma Houlette a de l'honneur,
Et c'eft tout ce qui me flate,
Quel plus folide bon-heur
Pour vne Ame delicate.

Le Comte

Le Comte de Guiche, *Berger*.

MA ieunesse viue & prompte
Se modere d'auiourd'huy,
Et trouuoit assez son conte
Parmy les troupeaux d'autruy,
Mais vn Pasteur m'a fait prendre
Vne Brebis ieune & tendre,
Douce & belle à regarder;
Elle est tout à fait mignonne,
Bien m'en prend qu'elle soit bonne ;
Car il faut toujours garder
Tout ce qu'vn Pasteur nous donne.

Pour le Marquis de Villeroy, *Bergere*.

CEtte ieune Bergere cause,
Danse, chante, & fait bien du bruit;
Mais ce seroit toute autre chose
N'estoit le Faune qui la suit.

Que de personnes toutes faites
Sont contraintes de luy ceder,
Et qu'en gardant ses Brebietes
Elle en donne bien à garder.

Elle entend tout, rien ne l'irrite,
Des bons railleurs ny des méchans ;
Mais dites luy qu'elle est petite,
La Bergere se met aux champs.

III. ENTRE'E.

LA Felicité de Polexandre & d'Alcidiane estant establie,
& ne pouuant plus estre sujette au changement ; Quelques Courtisans se réjoüissent de la satisfaction de leur Roy.

Courtisans, le Marquis de Rosny, le Marquis de Seguier ,
le Cheualier de la Marthe, Mess. Boyer,
Coquet, & Deuilledieu.

F

Le Marquis de Roſny, repreſentant
vn *Courtiſan*.

LEs ieunes *Courtiſans* adorent tour à tour
Ces deux diuinitez la Fortune & l'Amour,
l'ay déja quelque acces aupres de la Fortune,
Sa faueur m'eſt acquiſe, il reſte ſeulement,
Qu'entre tant de Beautez i'en puiſſe choiſir vne
Qui m'ayde à faire à l'autre vn premier compliment.

IV. ENTRE'E.

IL ſe fait vne courſe de Faquin fort ridicule, pour le diuer-
tiſſement de Polexandre & d'Alcidiane.

Balayeurs de la Lice, M. Cabou, & le Sieur Doliuet,
Faquins, les Sieurs de Lorges, & le Conte.
Cheualiers croteſques.
Les Sieurs Geoffroy, Toury, Don, & de S. André.

V. ENTRE'E.

AFin que rien ne manque au bon-heur de ces deux Amans,
les Saiſons au lieu de ſe ſucceder les vnes aux autres, leur
apportent toutes enſemble ce qu'elles ont de couſtume de
produire.

SAISONS.

Le Primtemps, le Comte de Sery.　*L'Eſté*, M. de Gontery.
L'Automne, le Comte de Guiche.　*L'Hyuer*, M. de S. Maury.

Le Comte de Sery, repreſentant
le *Printemps*.

AMour a ſous ſes loix rangé ma deſtinée,
Ie pouſſe mille ſoupirs,
Il faut bien que le Temps le plus beau de l'année
Ait ſa Flore & ſes Zephirs.

M. de Gontery, repreſentant *l'Eſté.*

LA Chaleur qui m'accompagne
Paroiſt en chaque campagne,
Et qui m'a voulu ſuiure a touiours éprouué
Qu'il faiſoit aſſez chaud où ie me ſuis trouué.

Pour le Comte de Guiche, repreſentant l'Automne.

AMour, pourueu que tu le vüeilles,
Ce Temps nous donnera de ſes fruits dans neuf mois,
C'eſt vn grand abateur de fueilles,
Ie ne ſçay pas s'il eſt grand abateur de bois.

VI. ENTRE'E.

LES Plaiſirs de toutes ſortes viennent en cette Cour pour ne l'abandonner jamais.

LES PLAISIRS.

Le Marquis de Villequier, *la Maſcarade,*
Le Marquis de Saucourt, *la Comedie.*
Le Marquis de Richelieu, *la Chaſſe.*
Le Marquis de Genlis, *la Peſche.*
Le Marquis d'Alluye, *la Paume.*
Le Marquis de Villeroy, *l'Amour.*
M. de Raſſen, *vn autre Amour.*
Le Sieur Reynal, *la bonne Chere.*

Le Marquis de Villequier, *la Maſcarade.*

POur ne pas faire cognoiſtre
Ou ma ioye, ou mes ennuis,
Ie Maſque, & ie veux paroiſtre
Tout autre que ie ne ſuis.

Le Marquis de Saucour, *la Comedie.*

COquettes, quoy que vous die
Ou la Mere ou le Mary,
Venez à la Comedie
Vous n'auez iamais tant ry.

Le Marquis de Richelieu, *la Chasse.*

IE trauerse à tout moment
Le bois, le mont, & la plaine,
Et c'est tout mon élement
Que la fatigue & la peine.

Le Marquis de Genlis, *la Pesche.*

POur des hameçons & des lignes
On sçait que ie n'en manque pas ;
Mais il est des langues malignes
Qui disent que i'ay peu d'appas.

Le Marquis de Villeroy, representant *vn Amour.*

IE me cognoistray mieux vn iour,
A cette heure ie n'y voy goute ;
C'est vn grand plaisir que l'Amour,
Je n'en sçay rien, mais ie m'en doute.

Pour M. de Rassen, *l'Amour.*

CEt Amour est assez fin,
Et pour surprendre les Belles,
Il fera plus de chemin
De ses pieds que de ses aisles.

VII. ET DERNIERE ENTREE.

VNe Princesse de Mauritanie que le hazard a fait aborder en l'Isle inaccessible auec sa suite, tesmoigne par vne Chacone, dont les Maures ont esté les premiers inuenteurs, la part qu'elle prend à la satisfaction des deux Amans ; & conclud tout le Ballet par cette dance si agreable ; pendant laquelle il se fait vn second Concert de Voix & de Guittares, à quoy toute la Musique respond alternatiuement.

Princesse Maure. Mademoiselle de Verpré.

Maures, LE ROY. Le Comte de S. Aignan,
Monsieur Bontemps, Mess de Verpré, & Baptiste,
les Sieurs Langlois, Bruneau,
& Des-airs l'aisné.

Pour

Pour fa Majefté reprefentant vn *Maure*.

CEs Maures *ſi bien-faits s'en vont d'vn pas hardy*
Dans l'empire d'Amour faire de grands vacarmes ;
Il n'eſt point de Galand qui n'en ſoit eſtourdy,
De ces beaux Tenebreux on redoute les armes.
        Et tout cede à leurs charmes,
        Blondins, adieu vous dy.

        Vn d'entr'eux qui d'aucun ne peut eſtre égalé,
Dont la mine eſt plus haute encor que la naiſſance,
Agit comme vn Amant parfait & ſignalé ;
Mais il ne ſent pas trop l'amoureuſe puiſſance,
        Et n'a, comme ie penſe,
        Que le teint de bruſlé.

        De meſme que ſon rang ſon cœur eſt ſingulier,
Et iamais cet Amour que tout le monde adore,
N'eut ſous ſa diſcipline vn moins ſouple écolier,
Quelque habile qu'il ſoit, le fut-il plus encore,
        Ie doute que ce More
        Endure le colier.

Le Comte de S. Aignan, reprefentant vn *Maure*.

MOn *cœur a ſignalé ſa noble ambition,*
Et s'eſt rendu fameux en plus d'vne Campagne ;
Si les Maures auoient la meſme intention
Les Maures pourroient bien retourner en Eſpagne.

Dames Maures qui chantent.
Mademoiſelle de la Barre, & la Signora Anna Bergerotti.

Eſclaues Maures joüants de la Guittarre.
Les Sieurs Peſche, Toury, Chabot, Clement, le Gris, Caron,
Emanuel, Quarante.

S I M P H O N I E.

Claueſſins.	Meſſ. de la Barre l'aiſné, & Lambert.
Tuorbes.	Meſſ. de la Barre le cadet, Vincent, Rayneual, & Grenerin.
Violles.	Meſſ. le Febure, Aliſſan, Gigot, Richard, & Ribou.

G

RECIT ITALIEN,

Chanté par Mademoiselle de la Barre,
& la Signora Anna Bergerotti

CEde al voſtro valore
Ogni Deità
La Fortuna e l'Amore
Per vinto ſi dà.

Sorte chognh'or leggiera
Volubil girò
Sua inconſtante carrierà
Per ſempre fermò
Liet'a voſtro fauore
Immobil ſi ſtà.

Cede al voſtro valore
Ogni Deità
La Fortuna e l'Amore
Per vinto ſi dà.

Staſſi in fede diuina
Amore di fè
Queſta in tronò deſtina
Al voſtro bel pie
Per ſi nobil ardore
Dolcezze ſol ha.

Cede al voſtro valore
Ogni Deità
La Fortuna e l'Amore
Per vinto ſi dà.

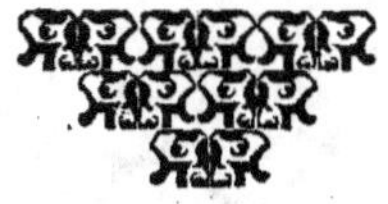

TRADVCTION DES VERS ITALIENS.

LEs Dieux dont vous eftes l'image,
Comme voftre Valeur, font briller voftre Cour;
Et vous receuez vn hommage
De la Fortune & de l'Amour.

Le Sort dont l'aifle eft fi legere
Qu'elle n'eft jamais en repos,
Et dont l'inconftante carriere
Semble changer à tous propos;
De pouuoir l'arrefter vous donne l'auantage,
Et depuis l'Occident jufqu'au leuer du jour :

Les Dieux par vn double partage,
Comme voftre Valeur, font briller voftre Cour,
Et vous receuez vn hommage
De la Fortune & de l'Amour.

Sur vn Trofne des plus fublimes
On void efclater vos vertus,
Et le Ciel qui punit les crimes
Sous vos pieds les tient abbatus :
Le funefte malheur jamais ne vous outrage,
Au milieu des dangers, & dans ce beau fejour;

Des Dieux la conduite fi fage,
Comme voftre Valeur, fait briller voftre Cour,
Et vous receuez vn hommage
De la Fortune & de l'Amour.

FIN DV BALLET.